BEI GRIN MACHT SICH IHR WISSEN BEZAHLT

- Wir veröffentlichen Ihre Hausarbeit,
  Bachelor- und Masterarbeit

- Ihr eigenes eBook und Buch -
  weltweit in allen wichtigen Shops

- Verdienen Sie an jedem Verkauf

Jetzt bei www.GRIN.com hochladen
und kostenlos publizieren

Rushena Abduramanova

War das nationalsozialistische Deutschland ein totalitärer Staat?

GRIN Verlag

Bibliografische Information der Deutschen Nationalbibliothek:

Die Deutsche Bibliothek verzeichnet diese Publikation in der Deutschen National-
bibliografie; detaillierte bibliografische Daten sind im Internet über http://dnb.d-
nb.de/ abrufbar.

Impressum:

Copyright © 2012 GRIN Verlag, Open Publishing GmbH
Druck und Bindung: Books on Demand GmbH, Norderstedt Germany
ISBN: 978-3-656-21716-9

Dieses Buch bei GRIN:

http://www.grin.com/de/e-book/194176/war-das-nationalsozialistische-deutschland-
ein-totalitaerer-staat

GRIN - Your knowledge has value

Der GRIN Verlag publiziert seit 1998 wissenschaftliche Arbeiten von Studenten, Hochschullehrern und anderen Akademikern als eBook und gedrucktes Buch. Die Verlagswebsite www.grin.com ist die ideale Plattform zur Veröffentlichung von Hausarbeiten, Abschlussarbeiten, wissenschaftlichen Aufsätzen, Dissertationen und Fachbüchern.

Besuchen Sie uns im Internet:

http://www.grin.com/

http://www.facebook.com/grincom

http://www.twitter.com/grin_com

War das nationalsozialistische
Deutschland ein totalitärer Staat?

Essay

Universität Potsdam

Wirtschafts- und Sozialwissenschaftliche Fakultät

Politikwissenschaft

Seminar: „Behemoth und Doppelstaat-Analysen totalitärer Herrschaft"

Wintersemester 2011/2012

Vorgelegt von: Rushena Abduramanova

Potsdam, 19 März 2012

Einleitung

Noch immer wird nicht nur in der deutschen Öffentlichkeit kontrovers über die NS-Zeit diskutiert. In politikwissenschaftlichen Debatten ist ein besonderes Thema die Frage, ob der Nationalsozialismus ein totalitäres System ist. Es wird häufig in Frage gestellt, was eigentlich eine totalitäre Herrschaft und ein totalitärer Staat bedeuten. Dafür gib es keine eindeutige Erklärung. Als klassische Beispiele für eine totalitäre Herrschaft werden öfter der Nationalsozialismus in Deutschland oder der Stalinismus in Russland genannt. Aus den Erfahrungen der Menschen in der Zeit des Nationalsozialismus oder während der Regierungszeit von Stalin kamen die Merkmale der Uniformulierung des Lebens, der politischen Polizei, des offenen Terrors und anderen schrecklichen Ereignisse, die diese Regime verbreiteten, zum Begriffsinhalt hinzu (vgl. Buchheim, H. 1962: 11). Aber es ist noch immer umstritten, ob diese Merkmale das Wesen des Nationalsozialismus darstellen und ob NS-Deutschland ein totalitärer Staat war.

Die totalitäre Herrschaft versucht die Substanz und Spontaneität des menschlichen Daseins und Gewissens zu bestimmen. Ein totalitäres Regime greift in den Raum der Freiheit ein, um ihn nach eigenem ideologischem Schema zu ändern. Das Ziel der totalitären Herrschaft ist es, eine neue Gesellschaft mit neuen Eigenschaften zu schaffen (vgl. Buchheim, H. 1962: 15).

In dieser Ausarbeitung wird zunächst der biographische Hintergrund von Hannah Arendt und Frank Neumann kurz dargestellt. Darin werden die Ausgaben der beiden Werke „Elemente und Ursprünge totaler Herrschaft" von Arendt und „Behemoth" von Neumann beschrieben. Außerdem wird ein Überblick über die Sichtweise beider Autoren auf totalitäre Herrschaft gegeben und ihre Positionen miteinander verglichen, wobei besonders auf das Schlüsselwort „Terror" eingegangen wird. Dabei wird versucht die Frage: War NS-Deutschland ein totalitärer Staat? zu beantworten. Diese Arbeit schließt mit einem Fazit ab, in dem auf die hier formulierte Fragestellung eine Antwort gegeben wird.

Ausgabe der Werke von Hannah Arendt und Franz Neumann

Die beiden Autoren haben ihre eigene Lebensgeschichte und unterschiedliche Ansichten und Meinungen bezüglich des Themas totalitäre Herrschaft. Beide haben eine gemeinsame Vorgeschichte. Sie stammten aus jüdischen Familien und mussten während der Kriegszeiten flüchten. Sowie Arendt und auch Neumann sind durch NS-Analysen bekannt geworden. Ihre Bücher über die totalitäre Herrschaft werden auch heute weiter erforscht.

Hannah Arendt war eine deutsch-amerikanische Philosophin und Vertreterin der politischen Theorie, ihre Sichtweise war durch Ereignisse in der Zeit des Nationalsozialismus sehr stark geprägt. Im Jahr 1949 wurde das ursprüngliche Manuskript vom Buch „Elemente und Ursprünge totaler Herrschaft" „über vier Jahre nach der Niederlage Hitlerdeutschlands, weniger als vier Jahre vor Stalins Tod" fertiggestellt (Arendt, H. 1986: 473). Arendt hat sich sowohl mit NS-Deutschland als auch mit Stalinismus in Russland beschäftigt. Sie beschreibt in ihrem Buch die beide Regime und ihre besonderen Merkmale. Ihre Analyse des Totalitarismus hat sie weltberühmt gemacht.

Franz Neumann war ein deutsch-amerikanischer Politologe und promovierter Jurist. Das Manuskript seines Buches „Behemoth" wurde fertiggestellt, als Deutschland die Sowjetunion angriff und den Krieg den Vereinigten Staaten erklärte (vgl. Neumann, F. 1988: 17). Im Jahr 1942 erschien „Behemoth" erstmals und nach zwei Jahren wurde eine erweiterte Form des Buches veröffentlicht. Im Gegensatz zu Arendt befasste sich Neumann nur mit dem nationalsozialistischen Deutschland.

Terror als das zentrale Element bei Hannah Arendt

Hannah Arendt stellt in ihrem Buch die totale Herrschaft als eine neue Staatsform dar. Sie ist der Meinung, dass das Wesen totalitärer Herrschaft der Terror ist, der sich vor allem in den Konzentrationslagern zeigt. „Die Lager dienen nicht nur der Ausrottung von Menschen und der Erniedrigung von Individuen, sondern auch dem ungeheuerlichen Experiment, unter wissenschaftlich exakten Bedingungen Spontaneität als menschliche Verhaltungsweise abzuschaffen und Menschen in ein Ding zu verwandeln, das unter gleichen Bedingungen sich immer gleich verhalten wird, also etwas, was selbst Tiere nicht sind..." (Arendt, H. 1986: 677). Dies bedeutet, dass in den Konzentrationslagern den Menschen ihre Freiheit und Individualität weggenommen wird. Der Mensch wird nicht mehr als eine Person angesehen, sondern als ein Ding, das unfähig zu denken und zu handeln ist. Terror macht aus vielen Menschen einen Menschen und versucht das zu vernichten, was nicht zu seiner Ideologie passt, zum Beispiel das, was eine neue Welt anhebt. Das Ziel des Terrors ist es, „Menschen so zu organisieren, als gäbe es sie gar nicht im Plural, sondern nur im Singular, als gäbe es nur einen gigantischen Menschen auf der Erde..." (Arendt, H. 1986: 714). Die Beziehungen zwischen Menschen werden durch Terror vernichtet und alle Zwischenräume, vor allem der Raum der Freiheit, werden zerstört. Häufig spricht Arendt über die Verlassenheit der Menschen. Sie deutet darauf hin, dass die Menschen, die unter den Terror leiden, allein sind. Sie sind verlassen nicht nur von anderen Menschen und der Welt, sondern auch von sich selbst. „In der Verlassenheit gehen Selbst und Welt, und das heißt echte Denkfähigkeit und echte Erfahrungsfähigkeit, zugleich zugrunde" (Arendt, H. 1986: 729).

Wie bereits genannt wurde, bestimmt Terror das eigentliche Wesen der totalitären Herrschaft. Terror wird „aber nicht willkürlich und nicht nach den Regeln des Machthungers eines einzelnen, sondern in Übereinstimmung mit außermenschlichen Prozessen und ihren natürlichen oder gesellschaftlichen Gesetzen vollzogen" (Arendt, H. 1986: 711). Die Menschen sind darin so stabilisiert, dass jede freie und unvorhersehbare Handlung ausgeschlossen wird. Terror ist gleichsam das Gesetz, gegen das nicht mehr verstoßen werden kann. Mit dem Wort „Gesetze" werden in der totalitären Sprache Bewegungsgesetze verstanden, die eine Bewegung bestimmen und nicht der Raum, in welchem menschliche Bewegungen und Handlungen stattfinden (vgl. Arendt, H. 1986: 708). Terror nach Auffassung von Arendt vernichtet den Lebensraum zwischen Menschen, der der Raum der Freiheit ist: „das Wesentliche der totalitären Herrschaft liegt also nicht darin, daß sie die Liebe zur Freiheit aus dem menschlichen Herzen ausrotte; sondern einzig darin, daß sie Menschen, so wie sie sind, mit solcher Gewalt in das eiserne Band des Terrors schließt, daß der Raum des Handelns, und dies allein ist die Wirklichkeit der Freiheit, verschwindet" (Arendt, H. 1986: 714). Damit wird deutlich, dass im Zusammen-

hang von Terror und totalitärer Herrschaft die Menschen ihre Fähigkeit verlieren zu handeln und damit ihre Freiheit.

Nationalsozialistischer Terror bei Franz Neumann

Franz Neumann ordnet Nationalsozialismus als „Behemoth" ein. Nach seiner
Meinung ist Behemoth ebenso wie Leviathan ein Ungeheuer des Chaos in der
jüdischen Eschatologie. In der Mythologie wird er als ein Landlebewesen
dargestellt. Nach Neumann schildert Behemoth einen Unstaat, ein Chaos, eine
Herrschaft der Gesetzlosigkeit und Anarchie, in dem die Rechte sowie die
Würde der Menschen verschlungen worden sind (vgl. Neumann, F. 1988: 16).
Im Nationalsozialismus haben die Menschen statt Rechte die Pflichten, die sie
auch erfüllen müssen. Neumann behauptet, dass der Nationalsozialismus eine
Gesellschaftsform ist, „in der die herrschenden Gruppen die übrige Bevölkerung direkt kontrollieren-ohne die Vermittlung durch den wenigstens rationa-
len, bisher als Staat bekannten Zwangsapparat..." (Neumann, F. 1988:543).
Dies ist geschehen durch Terror und Propaganda. Es wird versucht die Ideologie des Nationalsozialismus durch die Propaganda durchzusetzen. Falls dies
nicht gelingt, dann wird Terror eingesetzt.

Sowie Arendt schreibt auch Neumann in seinem Buch „Behemoth" über nationalsozialistischen Terror. Er geht davon aus, dass „das nationalsozialistische
Rechtsystem nichts anderes als eine Technik der Manipulation der Massen
durch Terror ist" (Neumann, F. 1988: 530). Wenn Neumann über das Rechts-
system des Nationalsozialismus spricht, befasst er sich gleichzeitig mit dem
Begriff Gesetz. Unter dem Wort „Gesetz" versteht Neumann nichts anderes,
als einen Eingriff in Freiheit und Eigentum. Die Menschen vermissen ihren
freien Raum, wo sie sich zurückziehen können und wo sie auch handeln können. In der nationalsozialistischen Literatur wird das Gesetz als der Befehl
des Führers dargestellt. Adolf Hitler „vereinigte in sich die Funktionen des
obersten Gesetzgeber, des obersten Regierenden und des obersten Richters; er
ist der Führer der Partei, der Wehrmacht und des Volkes" (Neumann, F. 1988:
115). Alle politische Gewalt lag in den Händen des Führers.

Die Gesellschaft unter dem Nationalsozialismus nach Neumann ist in vier zentralisierten Gruppen wie Partei, Staatsbürokratie, Industrie und Wehrmacht organisiert. Jede von diesen Gruppen operierte nach dem Führerprinzip und zog an sich eigene legislative, judikative und administrative Gewalt (vgl. Neumann, F. 542). Dies bedeutet, dass diese gesellschaftlichen Gruppen waren zwar unabhängig voneinander, aber waren zugleich alle dem Führerprinzip unterworfen. Sie stellten zudem eine herrschende Gesellschaftform dar, die die übrige Bevölkerung direkt kontrollierte. Es geht hier um herrschende und beherrschende gesellschaftlichen Gruppen.

Neumann gibt ein gutes Bespiel, in dem er die Reglementierung der Freizeit beschreibt. In der Massengesellschaft wird unter Freizeit nicht Vergnügen verstanden, sondern die Freizeit steht unter voller Kontrolle von Monopolmächten. Die Freizeitpolitik zielt auf die Veränderungen der Arbeitsbedingungen statt auf Entspannung. Es wird gesagt, dass Arbeit und Freizeit keine Gegensätze seien, sondern stehen in Wechselbeziehungen zueinander (vgl. Neumann, F. 1988: 495). Der Nationalsozialismus hat die Vollbeschäftigung als Grundlage. Die Vollbeschäftigung ist „das einzige Geschenk, das er den Massen macht, und dessen Bedeutung nicht unterschätzen werden darf" (Neumann, F. 1988: 499). Das Ziel des Nationalsozialismus war, dass die Menschen nie Zeit und Freiheit haben, um selbst zu handeln, statt eines Menschen handelte ein bürokratischer Apparat. Dies heißt, dass „die Technik des Nationalsozialismus: die Aktion eines autoritären Apparates als spontane Tätigkeit der Massen erscheinen zu lassen" (Neumann, F. 1988: 507). Die Freizeitideologie des Nationalsozialismus war die Reduzierung von Freizeit. Die Menschen wurden gezwungen ihre Individualität zu verlieren. Sie konnten zwar zusammen arbeiten, singen, marschieren, aber jedoch durften sie nicht kritisch das System in Frage stellen. Sie sollten unter dem Nationalsozialismus immer mit der Arbeit beschäftigt sein, damit sie wenig Zeit für sich selbst hatten.

Um das politische System des Nationalsozialismus funktionsfähig zu halten, hat das Regime nach Neumann besondere Wege. Die Opfer des Terrors waren nicht nur das deutsche Volk, sondern auch fremde Völker in und außerhalb Deutschlands. „Je größer die Gruppe, die Terror ausübt, desto größer die Zahl

der freiwilligen und unfreiwilligen Anhänger des Regimes" (Neumann, F.
1988: 556). Die Angst zwang manche Menschen selbst an Terrorakten teilzunehmen. Die Beziehungen zwischen Menschen waren atomisiert, es war un-
möglich sich auf einen anderen zu verlassen. Unterschiedliche gesellschaftliche Gruppen, unter anderem Gewerkschaften, waren zerschlagen. Solche Situ-
ationen waren zum Vorteil der Manipulatoren an der Spitze des Regimes (vgl.
Neumann, F. 1988: 556).

Fazit

Für einige Historiker ist der Nationalsozialismus ein einzigartiges Phänomen,
das aus der ideologischen Entwicklung und aus dem Erbe des autoritären
preußisch-deutschen Staates in Deutschland hervorging. Hitler habe einen
ideologischen und politischen Beitrag geleistet, der es sinnlos machte den Nationalsozialismus als Faschismus zu definieren und mit anderen ähnlichen
Bewegungen zu vergleichen, was auf eine Verharmlosung Hitlers und des Nationalsozialismus hinausläuft (vgl. Kershaw. I: 1988: 47). Der Nationalsozialismus ist bekannt mit seinen menschenverachtenden Verbrechen und ist ver-
antwortlich für unzählige Tote in der Zeit des Krieges und dem Holocaust.
Mit der Niederlage des Nazideutschlands kam der Moment, bei der Historiker,
Politologen zum ersten Mal berichten konnten, was in Wirklichkeit geschehen
war.

Es ist schwer zu belegen, ob NS-Deutschland ein totalitärer Staat war. Dafür
gibt es unterschiedliche Merkmale, die das Wesen eines totalitären Staates
bilden. Jeder Theoretiker oder Philosoph entwickelte eigene Elemente vom
Totalitarismus, die auch unterschiedlich wahrgenommen werden. In dieser
Arbeit wurden Überlegungen von Arendt und Neumann berücksichtigt. Für
Hannah Arendt ist das Wesentliche der totalitären Herrschaft der Terror.
Neumann bezeichnet NS-Deutschland als Nicht-Staat bzw. ein Unstaat.
Beide Autoren sind der Meinung, dass der Nationalsozialismus das Ziel hatte,
die Freiheit der Menschen zu beschränken. Die Menschen wurden ständig
kontrolliert, sie hatten keine Rechte nur noch Pflichten. Im Gegensatz zum
Nationalsozialismus, wo der Mensch vor allem junge Menschen gezwungen

waren an unterschiedlichen totalitären Bewegungen teilzunehmen, wie bei-
spielweise der Hitlerjugend oder Bund deutscher Mädel, ist heute der Mensch
frei in seiner Entscheidung und Gestaltung seiner Freizeit. Die Idee des Nationalsozialismus lag darin, die Menschen durch die totalitäre Ideologie zu be-
einflussen und sie gefügig zu machen. Nach Arendt wird „totalitäre Herrschaft wahrhaft total in dem Augenblick (...), wenn sie das privat-
gesellschaftliche Leben der ihr Unterworfenen in das eiserne Band des Terrors spannt. Dadurch zerstört sie einerseits alle nach Fortfall der politisch-
öffentlichen Sphäre noch verbleibenden Beziehungen zwischen Menschen und
erzwingt andererseits, dass die also völlig Isolierten und voneinander Verlas-
senen zu politischen Aktionen (wiewohl natürlich nicht zu echten politischen
Handeln) wieder eingesetzt werden können" (Arendt, H. 1986: 727).

Die Menschen unter totalitärer Herrschaft sind nicht mehr diejenigen, die sie
in Wirklichkeit sind. Sie müssen in einer Atmosphäre des falschen Pathos, des
Misstrauens die vorgeschriebener Rollen spielen. Dieses Regime versucht aus
den Menschen andere zu machen, als sie von Natur aus sind. Die Menschen
unter dieser Herrschaft werden nicht nur in ihrer Freiheit beschränkt, sondern
sie werden überfremdet (vgl. Buchheim, H. 1962: 13). Hannah Arendt ist der
Auffassung, dass eine totalitäre Regierung sich nicht nur gegen die Gegner
richtet, die die Ideologie des Regimes nicht wahrnehmen wollen, sondern gegen jeden. Totalitäre Diktaturen benutzen Terror, um ihre ideologischen
Doktrinen und die aus ihnen folgenden Lügen mit Gewalt durchzusetzen (vgl.
Arendt, H. 1986: 546). Terror hat in der totalitären Herrschaft eine zentrale
Stelle. Er nimmt die Fähigkeit der Menschen zu handeln ab. Das alltägliche
Leben wird durch Terror bestimmt. Die Menschen sind unfähig selbst zu ent-
scheiden, was sie tun wollen. Es wird schon vorher geregelt, was sie tun müs-
sen.

Den Überlegungen von Arendt und Neumann ist anzumerken, dass das Ele-
ment des Terrors auch in NS-Deutschland zu finden ist. Neumann ist der Meinung, dass der Nationalsozialismus aus Deutschland einen Unstaat gemacht
hatte. Er negiert die Staatlichkeit des NS-Deutschlands. Dadurch widerspricht
Neumann der Interpretation von NS-Deutschland als totalitäres Regime. Nach
ihm handelt es sich nicht um einen Staat, sondern um „eine Bande, deren An-
führer ständig gezwungen sind, sich nach Streitigkeiten wieder zu vertragen"

(Neumann, F. 1988: 554). Dies begründet Neumann damit, dass politische Entscheidungen durch vier regierenden Gruppen sowie Partei, Staatsbürokratie, Wehrmacht und Großindustrie zustande kommen. Diese herrschenden Gruppen kontrollieren die übrige Bevölkerung, die als beherrschende dargestellt wird.

Die Sichtweise von Arendt und Neumann macht deutlich, dass Terror zu den Merkmalen der totalitären Herrschaft gehört, aber es ist nicht ganz klar, ob NS-Deutschland ein totalitärer „Staat" war. Neumann belegt es damit, dass er nationalsozialistisches Deutschland als ein Nicht-Staat darstellt. Nach seiner Meinung sind „die Entscheidungen des Führers lediglich Ergebnis der zwischen den vier Führungen erzielten Kompromisse" (Neumann, F. 1988: 542). Daraus ist zu folgern, dass die Entscheidungen zwischen Partei, Staatsbürokratie, Wehrmacht und Großindustrie getroffen und durch Hitler verkündigt wurden. Hier nennt Neumann nicht den Staat, sondern betont die Rolle der vier herrschenden Gruppen, die er als eine „Bande" darstellt.

Literaturverzeichnis

Arendt, Hannah (1986): Elemente und Ursprünge totaler Herrschaft. Antisemitismus, Imperialismus, totale Herrschaft. 2. Auflage. Piper, München.

Buchheim, Hans (1962): Totalitäre Herrschaft. Wesen und Merkmale. Kösel, München.

Friedrich, Carl J./Brzezinski, Zbigniew K. (1957): Totalitäre Diktatur. Kohlhammer, Stuttgart.

Kershaw, I. (1988). Der NS-Staat. Geschichtsinterpretationen und Kontroversen im Überblick. Rowohlt , Hamburg.

Neumann, Franz (1988): Behemoth. Struktur und Praxis des Nationalsozialismus 1933-1944. Fischer, Frankfurt am Main.